志麻さんの

★☆★

何度でも食べたい
極上レシピ

志麻

マガジンハウス

おいしい料理を届けたい

私は調理師の専門学校で料理を学び、フランスの三ツ星レストランで研修をしたのですが、それをきっかけにして出会ったフランスの素朴な家庭料理のおいしさは、今でも忘れられません。帰国後、東京のフランス料理店で15年間料理人として働いていたときでも、その記憶がいつも頭の片隅にありました。フランスの文化をもっと知りたい、もっと吸収したいと思っていたので、毎日、厨房に立ちながら、わずかな時間を見つけてはフランスに関する本を次から次へと読みました。休日は朝早く起きてフランス人画家の展覧会へ行き、午後はフランス語の勉強、夜はフランスの映画鑑賞、というようにフランス漬けの日々。自由になる時間とお金はすべてフランス文化を学ぶために費やしていました。

そんな毎日でしたから、フランス人の夫と結婚したばかりの頃、私が家で使っていた調理器具といえば、小さな鍋がひとつと大きなフライパンがひとつ。たったそれだけでした。

それでも、夫においしいものを食べてほしくて、その2つをフルに活用してみると、「この料理も！　あの料理も！」と意外なほどなんでも作れ、楽しくなりました。ずっとレストランの厨房の整った環境のなかでフランス料理を作っていた私でしたが、どこにでもある普通のキッチンで作る家庭料理こそ、私が求めていたものだったのです。

日本でフランス料理といえば、「手がかかっていて高級な料理」「レストランで食べる料理」というイメージが強いかもしれませんね。私もそう思っていましたが、フランス留学時代、ホームステイ先の食卓に並んだクリーミーでホクホクのじゃがいものグラタン、まかない料理で食べた野菜たっぷりのやさしい味のスープ……。それらは決して特別な料理ではなく、フランスのどの家庭でも作られる、シンプルだけれどおいしくて、食べるとしあわせな気分になるものばかりでした。

フランス人の家庭では、男女ともにキッチンに立って料理を作ります。週末になると、家族や友人たちが集まって、鶏の煮込み料理やオーブンで焼いたローストビーフを囲み、会話と料理を楽しみながらデザートを食べ終えるまでゆっくりと時間を過ごします。何度もそんな光景を目にして、「自分た

ちで作って食べることが、子どものころから自然と身についているんだ」ということを強く実感しました。よくホームパーティにも呼ばれましたが、スタートするのは18時くらいで、全部食べ終わるのは23時。こんなに食事に時間をかけるのかと最初は驚きましたが、そこに集うみんなが心から楽しんでいる様子はとても印象的でした。そうやって、フランス人が食をライフスタイルの真ん中において生活していることをいろんな場面で見て、心の底から「いいな」と思ったことが今の仕事につながっている気がします。

この本でご紹介するレシピは、特別な材料も特別な道具もいりません。手間いらずのレシピばかり。ただ、ゆっくり食事の時間を楽しんでいるあいだに鍋やオーブンのなかでじっくりコトコト……。合理的なフランス人が親から子へ代々伝えてきた、時間さえかければ、コツさえつかめば簡単にできるようなものばかりです。しかも、おいしい。

今の時代、忙しい方が多いと思いますが、家族や友人たちと食べる手料理は格別のもの。この本が、そんなときに役立ってくれたらと思い、私のお気に入りのベストレシピをお届けします。

月に１度くらいのペースで、友人を招きホームパーティをしています。メニューはゲストの好みや季節の食材を取り入れて考えます。写真は学生時代から愛用しているフランス語の辞書。留学中、学校に訪れたフランス料理界の重鎮、故ポール・ボキューズにサインしてもらいました。大切な宝物です。

目次

Chapter 1
塩をつけておくだけで絶品ごちそう！

Chapter 2

ぐつぐつ煮込むだけで極上メニュー！

Chapter

3

オーブンで焼くだけのおもてなし料理！

Chapter

4

ソースを添えるだけで いつのも料理が格上げ！

Chapter

5

フランス人も大好き！志麻さんおすすめサイドメニュー

Chapter

6

実は簡単！何度でも作りたくなる定番デザート

☆☆☆

タイムとローリエだけでもっとおいしく！

この本では、何度でも食べたいおすすめのレシピを紹介したいと思いますが、味付けはとてもシンプルで、たいていが塩とこしょうです。そして、欠かせないのが、香りや風味づけのためのハーブです。

最近では日本のスーパーマーケットにもさまざまな種類のハーブが並んでいて、なにを選べばいいのかわからない、何種類か買ってみたけれど、どうやって使ったらよいかわからずに何年も放置したまま、という話も耳にしますが、私が常備しているのはタイムとローリエだけ。

ハーブはこの2種類で十分です。煮込み料理の風味がアップし、味に奥ゆきが出ます。いつもの洋食がワンランク上の高級感ある味に仕上がるので試してみてください。

塩をつけておくだけで
絶品ごちそう！

Chapter

1

Shima's special menu

おいしさの秘密は塩加減！

フランスの家庭料理の味つけの基本は塩とこしょうです。とくに塩の使い方にはちょっとしたコツがあり、それを覚えるだけで料理の仕上がりが驚くほど変わり、おいしくなります。

塩は素材の旨味を最大限に引き出してくれるので、料理の下準備の段階でしっかりと塩をふっておくことが大切です。最近は健康のために塩分を制限している方や減塩を心がけている方も多いと思います。私の料理は「塩を多く使いますね」と言われることもありますが、実は出来上がった一品はそれほど塩分が強いわけではありません。料理はバランスがとても大切です。塩分もバランスなのです。

たとえばグラタンを作るとき。具とホワイトソース、どちらも塩が少なめだと、なんとなく味がもの足りなくおいしくありません。そうかといって、全部の塩を強めにしたら、重たく感じて最後までおいしく食べることができないでしょう。具を作るときは、しっかりと塩をふって野菜の旨味を引き出し、ホワイトソースは塩を入れずに作ります。合わせてオーブンで焼き上げると、塩加減も味もバランスよく仕上がります。ステーキや魚のソテーの場合なら、メインの食材にはしっかりと塩をふりますが、付け合せの野菜はバターの塩分だけで十分。そうやって、塩分のバランスを考えています。

料理本のレシピでは塩は小さじ1などと細かく書いてありますが、レストランの厨房ではひとつひとつ量ることはしませんし、そのさじ加減は教えてもらえないので、シェフが塩をふるタイミングやどのくらい塩をふっているのかを、こっそり見ながら覚えていきます。塩の使い方はとっても大切なのです。塩は種類によって塩辛さも違いますし、合わせる素材の状態によっても塩分の入り方が変わります。ですから、最初は目安としてレシピの分量通りに作ってみて、2回目、3回目になったら、自分でちょうどよい塩加減をみつけるように探ってみるのがよいと思います。

「塩はどんな種類のものがいいですか?」とよく聞かれますが、私はとくにこだわりはありません。ただ、湿った塩は材料にふりかけるときには使いにくいので、まんべんなく塩がふれ、自分の塩の感覚をつかみやすいさらさらした焼き塩のようなものをおすすめしています。

サーモンマリネ

Saumon mariné

塩をふってひと晩ねかせるだけ。
ねっちりとした食感のごちそうサーモン。

＼ここがポイント！／

塩をたっぷりふり、砂糖は少々。旨味がアップします。

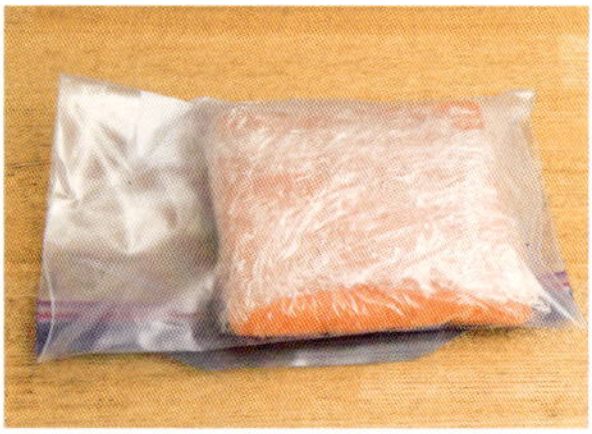

この状態で冷蔵庫へ。時間がおいしさを引き出してくれます。

冷たい水または氷水でしっかり塩抜きを。サーモンの表面に油を塗って、ラップで包んでおけば、2、3日保存可能。

材料（2〜3人分）

サーモンまたは生ざけ——1さく
塩——（サーモンの分量の）10%
砂糖——（サーモンの分量の）1%

作り方

1 サーモンの表面に塩と砂糖をふり、しっかりもみ込む。
2 ラップで包み、密閉保存袋に入れて、冷蔵庫で半日ほどねかせる。
3 水をはったボウルにサーモンを入れて、30分ほど塩抜きをする（味見をして塩が強いと思うときは、さらに15分）。
4 キッチンペーパーなどで表面の水分を取り、好みの厚さに切って皿に並べる。

※ケッパー、ディルを飾り、レモンを添えて盛りつけを。

半日、塩漬けするだけで普通のマリネとはひと味もふた味も違う仕上がりに！
バターを塗ったパンにのせて食べてもおいしいです。

あすは塩豚でごちそう

Petit salé

豚バラ肉を手軽においしく！
ひと晩ねかせるだけで万能な食材に。

塩豚の作り方

材料

豚バラ肉――500〜700g
塩――大さじ1

作り方

1 豚肉の両面に塩をふり、しっかりもみ込む。
2 ラップで包み、密閉保存袋に入れて、冷蔵庫で半日〜3日ねかせる。

この2つをマスターすれば
いろんなアレンジが楽しめます。
詳しくは次ページより！

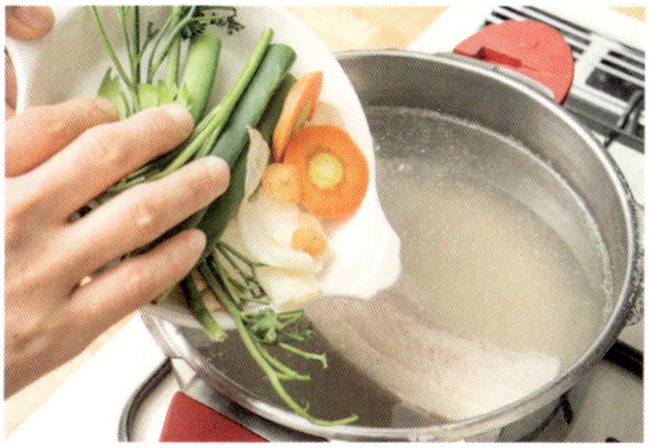

ゆで塩豚の作り方

材料
塩豚
くず野菜――適宜

作り方
1 鍋にたっぷりの水を入れ、半日〜3日ねかせた塩豚を、洗わずにそのまま水からゆでる。
2 沸騰してきたらアクを取る。
3 アクが少なくなってきたら、くず野菜を入れて、1時間くらい煮込む。

豚肉は肩ロースの塊肉でもＯＫ。脂身が少なく、赤身が多いほうを選ぶのがポイント！

塩豚 レンズ豆添え

Petit salé aux lentilles

**旨味をとじこめた焼き塩豚に
優しい甘さのレンズ豆の煮込みを添えて。**

＼ここがポイント！／

水分が少なくなったら、レンズ豆がひたひたになるくらいまで水を足す。

こんがりと焼き色がつくまで、動かさずにじっくりと焼く。

材料（2〜3人分）

ゆで塩豚——200〜300g
玉ねぎ（小さい角切り）——小1/2個
にんじん（小さい角切り）——1/8個
レンズ豆（乾燥）——100g
ベーコン（みじん切り）——2枚
パセリ（みじん切り）——少量
コンソメ——1個
タイム——少量
ローリエ——1枚
水——適量
油——大さじ1

作り方

1 フライパンに油をしき、先に玉ねぎとにんじんを弱火で炒め、レンズ豆を加えて軽く炒める。
2 レンズ豆がかくれるくらいの水を加え、コンソメ、タイム、ローリエを入れて弱火で30分ほど煮込む。
3 レンズ豆が煮えてきたら、ベーコンを加えてさらに煮込み、パセリを散らす。
4 ゆで塩豚はキッチンペーパーで水気を取り（厚みがあれば半分に切る）、フライパンで表面をカリカリになるまで弱火でじっくり焼く。

※**3**を皿にしいて、その上に焼いた塩豚をのせれば完成。

フランスの家庭で愛されている塩豚のスタンダードな食べ方です。塩豚はカリカリに焼いたり、そのまま食べたり。やわらかく煮込んだレンズ豆との相性がぴったりです。

ゆで塩豚&グリビッシュソース

Sauce Gribiche

**酸味が効いたこくのある卵のソースを
あっさりしたゆで塩豚と合わせて。**

＼ここがポイント！／

オリーブオイルは、糸を垂らすように少しずつ加えながら混ぜること。

ゆで卵は大きめのスプーンで、ざるに押しつけるようにしてこすと簡単。

こしたゆで卵は、練り込まずにさっと混ぜ合わせる程度に。

材料（2〜3人分）

ゆで卵——1個
酢——大さじ1
塩——少量（ひとつまみ）
こしょう——少々
マスタード（あれば）——小さじ1
オリーブオイル——大さじ3
玉ねぎ（みじん切り）——小1/4個
ケッパー（ざく切り）——大さじ1
（塩漬けの場合は水に30分浸けておく）
パセリ（みじん切り）——2〜3本
ゆで塩豚——200〜300g
じゃがいも（電子レンジで加熱）
——1個

作り方

1 ゆで卵をつくり、冷やしておく。
2 ボウルに酢、塩、こしょう（あればマスタード）を入れ、塩が溶けるまで混ぜる。
3 **2**にオリーブオイルを少しずつ加えながら、全体が白っぽくなるまで混ぜる。
4 **3**に玉ねぎ、ケッパー、パセリを加えてさっと混ぜる。
5 ゆで卵は殻をむき、白身と黄身に分けて、ざるでこしながら、**4**に加えて混ぜ合わせる。
※好みの厚さに切ったゆで塩豚、ゆでたじゃがいもに添える。

ゆで塩豚やじゃがいものほかにも、ゆでたアスパラガスやブロッコリーにかけて食べるのもおすすめ。米酢を使う場合は量を2/3くらいに減らして、砂糖をひとつまみ入れるといいですよ。

塩豚と大豆のスープ

Garbure

**やさしい味わいが口の中に広がる
バスク風のシンプルスープ。**

ポイントは入れる順番

キャベツ以外の野菜を最初に。大豆は水煮を使い、煮込む時間を短縮。

↓

野菜とゆで塩豚に火が通ったところで、表面を覆うようにキャベツを。

↓

最後に生ハムを加えるのがポイント。風味とコクが出ます。

材料（2〜3人分）

ゆで塩豚（食べやすい大きさ）
　── 200〜300g
玉ねぎ（角切り）── 1/2個
にんじん（角切り）── 1/2個
ねぎ（小口切り）── 1本
じゃがいも（角切り）── 1個
セロリ（角切り）── 1/2本
大豆水煮 ── 200g
キャベツ（ざく切り）── 1/4個
生ハム ── 4〜5枚
にんにく（みじん切り）── 1片
水 ── 適量
コンソメ ── 1個
タイム ── 少量
ローリエ ── 1枚
塩 ── 少量
こしょう ── 少々
油 ── 大さじ1

作り方

1 鍋に油をしき、玉ねぎ、にんじん、ねぎ、にんにくを入れたら塩をひとつまみ加えて、ゆっくり弱火で炒める。
2 1にじゃがいも、セロリ、大豆、ゆで塩豚を加えて混ぜる。
3 キャベツをのせ、材料がひたひたになるくらいの水を入れ、コンソメ、ローリエ、タイムを加えて30分ほど煮込む。
4 生ハムを加えてさっと混ぜ合わせ、仕上げにこしょうをふる。

フランスとスペインにまたがるバスク地方の家庭料理で、フランスでは白いんげんを使います。野菜たっぷり、栄養満点の食べるスープなので、冷蔵庫に残っている野菜を活用してもOKです。

ポトフ

Pot-au-feu

いつもと切り方を変えるだけで
見た目も華やかなごちそうに!

\ ここがポイント! /

野菜はなるべく大きめに。玉ねぎ、じゃがいもは皮をむいて丸ごと鍋に。先にやわらかくなった野菜は取り出しておくと、煮くずれせずに見た目もきれいになります。

煮立ってくるとアクが浮かんでくるのでていねいに取り除くこと。

材料(2〜3人分)

ゆで塩豚——200〜300g
ゆで塩豚のゆで汁——大さじ2
にんじん——1本
玉ねぎ——小1個
白菜——1/4個
ねぎ——1本
セロリ——1/2本
じゃがいも——1個
水——適量
コンソメ——1個
ローリエ——1枚
タイム——少量
ソーセージ——適量
塩・こしょう——お好みで

作り方

1 鍋に野菜とゆで塩豚を並べ、たっぷりの水、コンソメ、ローリエ、タイムを加えて強めの中火にかける。
2 1にゆで塩豚のゆで汁を加える。
3 沸騰する直前にアクを取り、30分ほど煮込んだら、ソーセージを加えてさらに10分ほど煮込む。仕上げに味をみて、必要なら塩こしょうで味をととのえる。

野菜とゆで塩豚をコンソメで煮込むだけのシンプルな料理です。ゆで塩豚のゆで汁とソーセージを加えることで深い味わいに。たっぷり作っておもてなしの料理としても活躍します。

塩豚のカリカリ焼き

Rillons

じっくりと焼き上げるから中身はジューシー。
前菜にも、おつまみにも。

＼ここがポイント！／

カリカリに焼くのがポイントですが、焦げつきやすいので、気をつけて。塩豚の脂身が少ない場合は油を足して焼き上げると、焦げつきにくくなります。

材料（2〜3人分）

塩豚 —— 200〜300g
白ワイン —— 100cc

作り方

1 鍋に食べやすい大きさに切った塩豚と白ワインを入れて強火で煮る。
2 白ワインが沸騰したらふたをして、弱火で20分ほど煮込む。
3 塩豚から溶け出してきた脂で、じっくりとカリカリになるまで焼き上げる。
4 余分な脂をキッチンペーパーでふき取る。

※**4**をレタスなどの上に盛りつける。

レタスの葉は、外側のほうから順に小さな三角形になるようにちぎっていくと、盛りつけたときに見た目もきれいに。

塩豚と大豆のトマト煮込み

Cassoulet

塩気と甘みが絶妙にとけあう
具だくさんの定番メニュー。

＼ここがポイント！／

細かく切った野菜を弱火でじっくりと炒めて甘みを引き出します。

コンソメなどを加えたら、弱火でぐつぐつと煮つめるように。

ふりかけたパン粉に焼き色がつけばOK。時間はあくまでも目安です。

材料（2〜3人分）

ゆで塩豚 —— 200〜300g
ソーセージ —— 2〜3本
ベーコン（みじん切り）—— 2枚
玉ねぎ（みじん切り）—— 小1/2
にんじん（みじん切り）—— 1/8本
セロリ（みじん切り）—— 1/4本
にんにく（みじん切り）—— 1片
大豆水煮 —— 200g
トマト水煮（カット）—— 1缶
水 —— 適量
コンソメ —— 1個
ローリエ —— 1枚
タイム —— 少量
塩・こしょう —— 少量
パン粉 —— 適量
オリーブオイル —— 適量

作り方

1 鍋に油をしいて、玉ねぎ、にんじん、セロリ、にんにくを入れ、塩をふって弱火でゆっくり炒める。
2 野菜がしんなりしたら、大豆とトマト、ひたひたの水を入れ、コンソメ、ローリエ、タイムを加えて30分ほど煮込む。
3 さらに塩豚、ソーセージ、ベーコンを加えてさっと煮て、こしょうをふる。
4 **3**を耐熱皿に入れてパン粉をふり、オリーブオイルをまわしかける。
5 **4**をオーブン（180度）に入れ、15分ほどで焼き色をつける。

フランスでは大豆のかわりに白いんげんを使い、オーブンでじっくり焼いて仕上げます。ねっちりした食感で、とろりとした仕上がりになります。今回はパン粉に焼き色をつけて早めに完成！

＼ 志麻さん直伝 ／

下ごしらえを楽にする調理のコツ

●パセリのみじん切り

パセリの葉先をまとめたら、指でぎゅっと押さえます。

↓

押さえた端から切っていくと手早くみじん切りができます。

●トマトのヘタの取り方

包丁の先端を持ち、親指で押さえ、ヘタの根元あたりに差し込みます。

↓

包丁をくるっと回すだけで、きれいにヘタが取れます。

●玉ねぎの薄切り

玉ねぎを薄切りにするとき、どうしても端の部分は丸みがあって上から切るだけでは大きく切れてしまいます。切り始めの部分だけ横から包丁を入れると、最初からきれいな薄切りができます。

手早くおいしい料理を作るには、下ごしらえをいかに楽に効率よくできるかがポイント。野菜の切り方にはちょっとしたコツがあり、それさえ覚えておけば、料理のスピードや効率がアップします。「たったこれだけ」のことですが、試してみると調理中のもやもやがきっと解消されると思います。

ぐつぐつ煮込むだけで極上メニュー！

Chapter

2

Shima's special menu

煮込み料理は手間をかけずに時間をかけて

フランス家庭料理の定番のひとつは、材料を炒めて鍋に入れ、火にかけるだけの煮込み料理。大きな鍋でじっくりとコトコト煮込むだけで勝手においしく仕上がるので、時間はかかりますが、手間がかからないのがうれしいメインの一品です。鍋のまま出来立てを食卓に運ぶだけで場が盛り上がりますし、それぞれが食べたい分だけ取り分けるスタイルにすれば、サービスする側はとってもラク！

煮込み料理をメインにするときは、最初に仕込みをして、鍋を火にかけて煮込んでいる間に、サラダや付け合わせを作ります。コンロが２口あるなら、フライパンのとなりに煮込み用の鍋を先に用意しておけば、「炒める」から「煮込む」の流れがスムーズ。これはレストランでは当たり前にしていることですが、どんな動きにも意味があり、時間はもちろん食材もその旨味も無駄にしないことを厨房で覚えました。

たとえば、トマト缶などを使うときは、ほんの少しでも無駄にしないように中身を空けた缶に少量の水を注いで鍋に戻しますし、煮込む前に使ったフライパンもそのまま洗い流したりしません。もちろん、余分な油は取り除きますが、そこに旨味がこびりついているなら、煮込むために使うワインなどをいったんフライパンに注いで旨味をこそげ落として、残さずにぜんぶ鍋に入れます。もったいない精神がある日本人には真似しやすい習慣かもしれませんね。

ところで、煮込み料理で大事なのは、アクをしっかり取ることです。面倒だと思う方もいるかもしれませんが、沸騰するまでは強火にして、沸騰する直前の泡が集まってくるタイミングに行えば、きれいにアクを取り除けます。沸騰する前だと、せっかく加えた旨味まで一緒にすくい取ってしまいますし、沸騰したまま放っておくとアクが混ざってしまいます。最初だけちょっと手間はかかりますが、あとは程よく煮込まれるのをじっと待つだけです。

煮込み料理はカレーと同じように作った翌日もおいしいので、作りおきするくらいの気持ちで、一度にたっぷり作っておくといいですよ。

豚肉とプラムの赤ワイン煮

Poitrine de porc aux pruneaux

ほろほろと肉がとろけるよう！
フレンチの定番を手軽に。

フレンチレストランでしか味わえないような一品も
時間さえかければ、簡単に作れます。
ホームパーティの目玉に。家族のお祝いごとに。

豚肉とプラムの赤ワイン煮の作り方

作り方

1 ひと口大に切った豚バラ肉に塩こしょうをふり、小麦粉をまぶして、全体になじませる。

2 フライパンに油をしき、**1**を焼き色がつくまで焼き、余分な油はキッチンペーパーなどでふき取る。

3 **2**をフライパンから鍋に移す。

4 フライパンの油をふき取り、赤ワインを注いで、こびりついた旨味とともに鍋に入れる。

材料

豚バラ肉――500〜600g
赤ワイン――200cc
水――100cc
ドライプルーン――6〜8個
コンソメ――1個
タイム――少量
ローリエ――1枚
しょうゆ――小さじ1/2
塩――小さじ1
こしょう――少々
小麦粉――適量
油――大さじ1

豚肉とプラムは相性ぴったりの食材です。赤ワインで煮込むと濃厚な味わいに仕上がります。甘みが足りないときはハチミツを加えて。

＼ここがポイント！／

肉を焼いたあと、フライパンにこびりついている部分には旨味がたっぷり。

煮込むときにはふたを少しずらしておきましょう。

5 鍋に水と、プルーン、コンソメ、タイム、ローリエ、（隠し味に）しょうゆを入れ、先にしっかりアクを取り、ふたをしてゆっくり30分ほど煮つめる。

付け合わせの「じゃがいものピュレ」は106ページを。

お肉を焼いて
煮込むだけ！

鶏肉のココナツミルク煮

Poulet au coco

ほんのり香るスパイスとココナツで
オリエンタルなひと皿に。

＼ここがポイント！／

もも肉に焼き色がついたら、余分な油をキッチンペーパーなどで取り除くこと。

ココナツミルクを加えたら、鶏肉がひたひたになるくらいまで水を足します。

材料（2～3人分）

鶏肉（もも肉）――大1枚
塩――少量
こしょう――少量
カレー粉――小さじ1/2
にんにく（みじん切り）――1片
パプリカ（角切り）――1/2個
玉ねぎ（みじん切り）――1/2個
ココナツミルク――1缶
水――200cc
コンソメ――1個
タイム――少量
ローリエ――1枚
ピーマン（輪切り）――2個
油――大さじ1

作り方

1 ひと口大に切ったもも肉に塩、こしょう、カレー粉をまぶしてよくもみ込む。
2 フライパンに油をしき、**1**を焼き色がつくまで中火で焼く。
3 にんにくを加えて香りが出るまで炒める。
4 パプリカ、玉ねぎ、ココナツミルク、水を加え、コンソメ、タイム、ローリエを入れてふたをし、20分ほど弱火で煮込む。
5 最後にピーマンを加えてさらに5分ほど煮込む。
※香菜を添え、ごはんとともに。

同じ鶏肉の煮込み料理でも、ココナツミルクやスパイスを加えると味のバリエーションが広がります。インド洋のレユニオン島などフランス領の地域でよく食べる料理のひとつです。

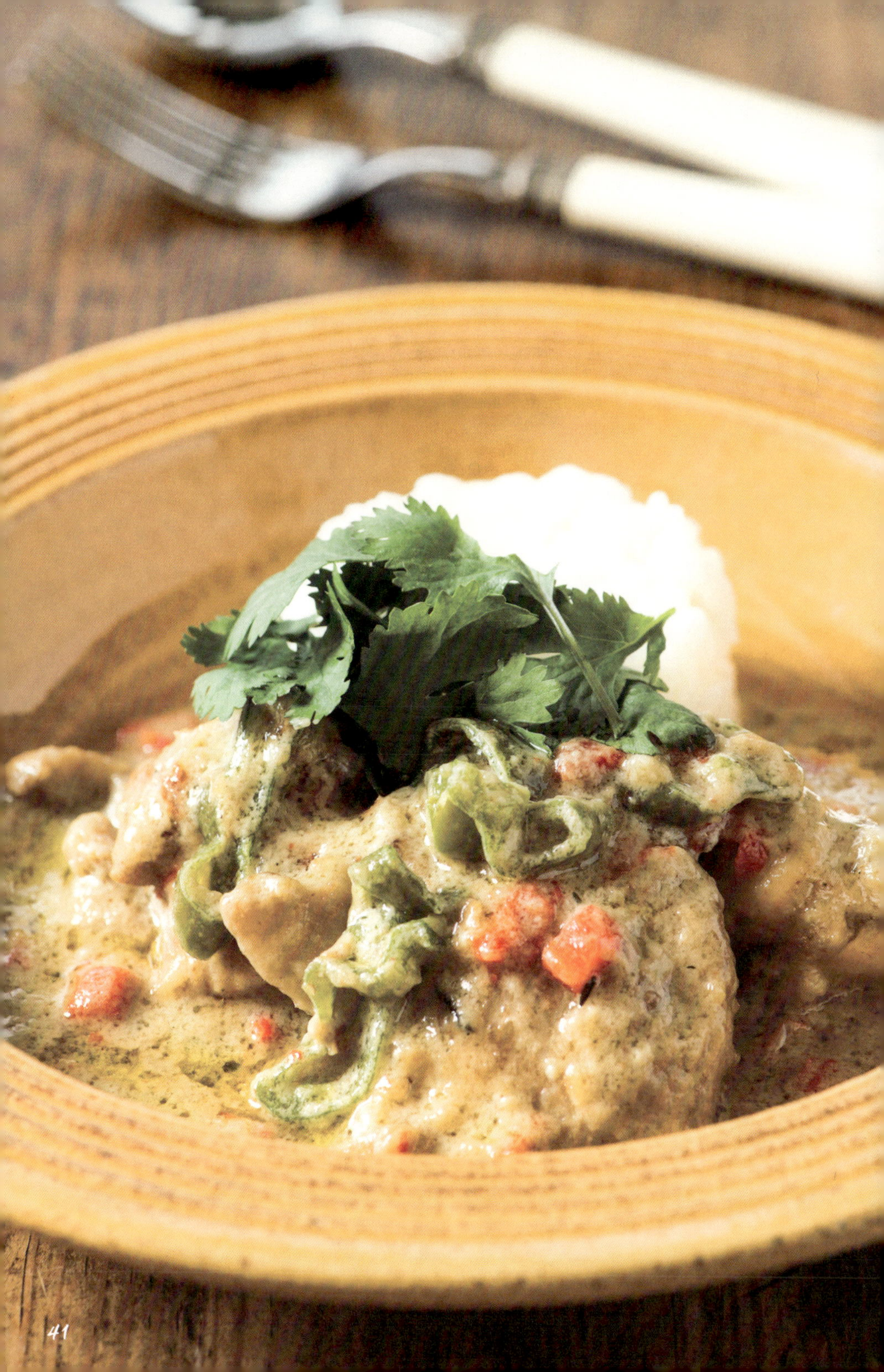

パプリカとピーマンのトマト煮

Poulet Basquaise

**カラフル夏野菜の甘みたっぷり
蒸し煮で鶏の旨味をぎゅっと凝縮。**

＼ここがポイント！／

鶏肉を焼くときは皮目から。最初の2分くらいは動かさないように。

フライパンの隣に鍋を置いておくと、調理がスムーズ！

水は不要。野菜の水分だけで蒸し煮に。

材料（2〜3人分）

鶏肉（もも肉）――大2枚
玉ねぎ（薄切り）――1個
パプリカ（赤・黄）（細切り）―各2/3個
トマト水煮――1缶
ピーマン（細切り）――2/3個
にんにく――1片
コンソメ――1個
タイム――少量
ローリエ――1枚
塩――少量
こしょう――少々
白ワイン――200cc
油――大さじ1

作り方

1 鶏肉は大きめに切り、塩こしょうをふる。
2 フライパンに油をしき、つぶしたにんにくを入れて弱火で香りを出し、1を入れて強めの中火で焼く。
3 鶏肉の両面に焼き色がついたら煮込み用の鍋に移す。
4 フライパンの余分な油をふき取り、白ワインを注いで、こびりついた旨味とともに鍋に入れる。
5 鍋に玉ねぎ、パプリカ、トマト水煮、コンソメ、タイム、ローリエを加え、水分が出てきたら、ふたをして弱火で30分ほど蒸し煮にする。
6 ふたを取り、ピーマンの細切りを加えて、5分ほど煮つめる。

パプリカはバスク地方の料理でよく使われている食材。彩り鮮やかなパプリカやトマトは食欲をそそる色。水を足さずに蒸し煮にすることで、甘みと旨味がぎゅっと凝縮されます。

鶏肉のコンフィ

Confit de poulet

**外はパリッと、中身はふっくら。
オイルで煮込むおもてなしの鶏料理。**

＼ここがポイント！／

油の中で気泡が大きくなったら、強火から弱火にするタイミング。使った油には旨味がとけ込み風味があるので、炒め物などに再利用できます。

手羽元の細い部分の骨が見えるくらいになったら、仕上がりの合図です！

材料（2〜3人分）

鶏肉（手羽元）――8本
タイム――少量
ローリエ――1枚
にんにく――1片
塩――小さじ1
こしょう――少々
油――適量

作り方

1 鶏肉はキッチンペーパでしっかり水分をとり、多めの塩とこしょうをふって、よくもみ込む。
2 密閉保存袋に鶏肉、タイム、ローリエ、にんにくを入れて空気を抜き、冷蔵庫で半日ねかせる。

3 鍋に**2**を入れ、ひたひたの油で煮る。油が温まるまでは中火（70〜85度くらいが目安）。ふつふつと気泡が出てきたら弱火で30〜40分ほど煮る。
4 フライパンで表面だけこんがりと焼く。

コンフィは低温の油でゆっくりと火を通し、風味豊かに保存性を上げるフランスの調理法です。
塩分はソテーより少し強めのイメージです。

鶏肉のビネガー煮込み

Poulet au vinaigre

クリーミーで贅沢な味わい。
ビネガーで鶏もやわらかに。

＼ここがポイント！／

鶏肉に小麦粉をまぶしておくと、ぽってりとしたソースになります。

ワインビネガーがない場合には米酢でもOK。米酢の場合は少なめに。

材料（2〜3人分）

鶏肉（手羽元）―― 8本
鶏肉（もも肉）―― 1本
玉ねぎ（みじん切り）――小1/2個
にんにく（みじん切り）―― 1片
白ワイン―― 100cc
ワインビネガー――大さじ2
トマト（ざく切り）――大1個
水――適量
コンソメ―― 1個
タイム――少量
ローリエ―― 1枚
生クリーム―― 100cc
塩――少量
こしょう――少々
小麦粉――適量
油――大さじ1

作り方

1 大きめに切ったもも肉と手羽元に塩こしょうをしてもみ込み、小麦粉をまぶす。
2 フライパンに油をしき、鶏肉を入れ、強めの中火で焼く。最初の2分くらいは動かさず、両面に焼き色がついたら、フライパンの余分な油をふき取る。
3 にんにくと玉ねぎを加えて弱火で炒め、白ワイン、ワインビネガーを加える。
4 トマトを入れ、鶏肉が半分浸るくらいの水、コンソメ、タイム、ローリエを入れてふたをして、30分ほど弱火で蒸し煮にする。
5 生クリームを加えて5分ほど煮つめる。

ワインビネガーは赤白どちらでもOK。ビネガーに生クリームを加えることで、濃厚でクリーミーな煮込み料理になります。

鶏ソテーの猟師風

Poulet sauté chasseur

鶏のおいしさを引き立てる
たっぷりのきのこと一緒に。

\ ここがポイント! /

鶏肉は両面がきつね色になるぐらいに焼き色をつけ、余分な油はキッチンペーパーなどでふき取ります。

鶏肉を焼いたフライパンでそのままマッシュルームを炒めると、残った旨味も無駄にしません。

材料(2〜3人分)

鶏肉(もも肉)——2枚
鶏肉(手羽元)——6本
マッシュルーム(薄切り)
——8〜10個
玉ねぎ(薄切り)——小1/2個
トマト(みじん切り)——小1/2個
パセリ(みじん切り)——少量
白ワイン——100cc
水——150cc
コンソメ——1個
タイム——少量
ローリエ——1枚
塩——少量
こしょう——少々
油——大さじ1

作り方

1 大きめに切ったもも肉と手羽元に塩こしょうをふる。
2 フライパンに油をしき、鶏肉を入れ、強めの中火で両面を焼く。最初の2分くらいは動かさず、両面に焼き色がついたらふたをして弱火で20分ほど蒸し焼きに。
3 焼き上がったら取り出す。
4 同じフライパンでそのままマッシュルームと玉ねぎをしんなりするまで炒める。
5 白ワイン、水、コンソメ、タイム、ローリエを加え、鶏肉を戻して中火で10分ほど煮込む。
6 仕上げにトマトのみじん切りを加えて軽く煮込み、最後にパセリを散らす。

マッシュルーム以外に、舞茸やえのき、しいたけなど、お好みのきのこを使ってもおいしく作れる一品です。ソースにとろみをつけたいときは、鶏肉に小麦粉を。

肉団子のトマト煮

Boulettes de viande braisée à la tomate

**丸めてトマトで煮込むだけ。
鍋ごと出しておもてなしの定番に!**

\ ここがポイント! /

挽き肉は、粘り気が出るまで押しつぶすようにしてしっかりとこねること。

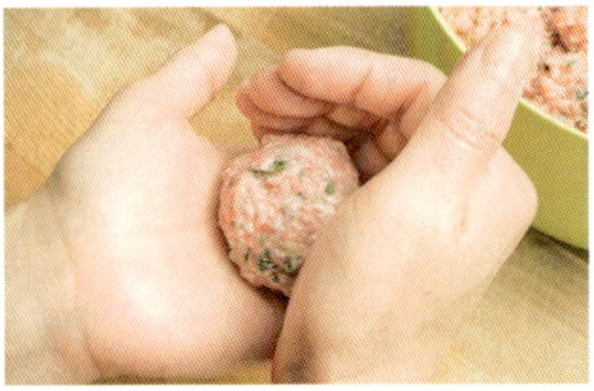

肉団子はぎゅうっと丸め固めようとせず、ふわっと形を作るように。

一つ一つがくっつかないように、肉団子は静かに鍋に並べましょう。

材料(2〜3人分)

合挽き肉——300〜350g
卵——1個
塩——小さじ1/2
こしょう——少々
パン粉——大さじ1
牛乳——大さじ1
玉ねぎ(みじん切り)——1/6個
セロリ(みじん切り)——1/6本
パセリ(あらめのみじん切り)——少量
粉チーズ——小さじ1
にんにく——1片　赤唐辛子——1本
トマト水煮(カット)——1缶
水——100cc　コンソメ——1個
タイム——少量　ローリエ——1枚
オリーブオイル——適量

作り方

1 玉ねぎとセロリをレンジで加熱し(600Wで1分半)、冷ましておく。
2 合挽き肉にといた卵、塩こしょうを入れ、パン粉、牛乳を加えてこねる。
3 1を加えてさらにこねて、パセリと粉チーズを混ぜ合わせる。
4 3を食べやすい大きさに丸めて形を整える。
5 鍋にオリーブオイルをしき、にんにくと赤唐辛子を入れて火にかけ、香りが出てきたらトマトと水、コンソメ、タイム、ローリエを入れる。
6 ふつふつと煮立ってきたら4を入れ、ふたをして10分、ふたをはずして10分煮込む。

肉団子のやわらかさは牛乳の量で調整しましょう。手に油をぬってから肉団子を作ると、挽き肉が手につきにくくなります!

鶏の赤ワイン煮

Coq au vin

鶏肉を赤ワインでことこと煮込むと
できたてはもちろん、2日目もおいしい。

作り方

1 もも肉は4等分し、手羽元も一緒にフォークで刺して、味がしみ込みやすくする。

2 鶏肉に塩こしょうをしてもみ込み、小麦粉をまぶす。

3 フライパンに油をしき、**2**を入れ、強めの中火で焼く。最初の2分くらいは動かさず、両面に焼き色がついたら煮込み用の鍋に移す。

材料（2〜3人分）

鶏肉（手羽元）―― 8本
　　（もも肉）―― 1枚
玉ねぎ（みじん切り）――小1個
にんにく（みじん切り）―― 1片
セロリ（みじん切り）―― 1/2本
にんじん（厚めの輪切り）―― 1本
マッシュルーム―― 6〜8個
ベーコン（細切り）―― 2枚
赤ワイン―― 400cc
水―― 100cc
ローリエ―― 1枚
タイム――少量
コンソメ―― 1個
塩――少量
こしょう――少々
小麦粉――適量
油――大さじ1〜2

＼ここがポイント！／

弱火で煮込んでいる間は、ふたを少しだけずらしておく。

4 鶏肉を焼いたフライパンで、そのまま（油が少ないときは少し足し）玉ねぎ、にんにく、セロリ、にんじん、マッシュルームを炒め、小麦粉をふって混ぜる。

5 赤ワインを加えて、旨味も一緒にこそげ落とし、鶏肉を移しておいた鍋にすべてを入れる。

6 鍋に水、ローリエ、タイム、コンソメを加え、煮立ったらアクを取り、弱火で30分ほど煮込む。

7 仕上げに細切りベーコンを加えて、5分ほど煮つめる（厚切りベーコンの場合は**4**のタイミングで野菜と一緒に炒める）。

ワインは手軽な値段のもので、十分おいしく作ることができます。ワインの種類によって味が変わるので、物足りないと思ったら少し砂糖を加えると味に深みが出ます。

☆☆☆

おいしい秘密は骨つき肉

牛肉や豚肉に比べて淡白な鶏肉は、骨つきのものを使うと一段とおいしく仕上がります。ただ、日本ではクリスマスシーズンでもない限り、骨つき肉の鶏もも肉はスーパーなどではなかなか見つけられません。そんなとき私は、手軽に手に入る手羽元を使って、同じようにおいしい煮込み料理を目指します。手羽元を使うとコクと旨味が出てよりおいしくなりますし、煮くずれしにくいので仕上がりもよく、見た目がちょっと豪華になって喜ばれます。

手羽元は身の部分が少ないので、量がちょっと物足りないかなというときには、食べごたえのあるもも肉を多めに組み合わせて使うといいですよ。おすすめです。

鮭のコンフィ

Saumon confit

低温で熱を通すだけで
いつもの塩鮭が上品な口当たりに。

＼ここがポイント！／

サラダ油とオリーブオイルは1:1の割合になるように。この状態で冷蔵庫で1週間は保存できます。

沸騰したお湯の余熱を利用し、低温加熱するとしっとりした仕上りになります。

＼おまけのレシピ！／

カリフラワーのピューレ

1 小分けにしたカリフラワーを鍋に入れ、2 牛乳でやわらかくなるまで煮つめたら（目安はひたひたに入れた牛乳が半量になるくらい）、3 ザルでこして、4 残った牛乳でなめらかになるまで混ぜ合わせると、「カリフラワーのピューレ」の出来上がり！

材料（2〜3人分）

塩鮭（甘塩）―― 3切れ
にんにく（うす切り）―― 1片
こしょう ―― 少々
粒こしょう（あれば）―― 5〜6粒
タイム ―― 少量
ローリエ ―― 1枚
オリーブオイル ―― 適量（100cc）
サラダ油 ―― 適量（100cc）
※袋のサイズによって油の量は調整する。

作り方

1 鍋に湯を沸かす。
2 密閉保存袋に鮭、にんにく、こしょう、タイム、ローリエ（あれば粒こしょうも）を入れて、オリーブオイルとサラダ油を鮭が浸かるくらい入れる。
3 空気をしっかり抜いて水が入らないように口を閉める。
4 鍋の湯が沸騰したら火を止めて3を袋のまま入れる。
5 ふたをして30分ほどおく。

※皿にカリフラワーのピューレをしき、皮をはずした鮭をのせれば完成。

＼ 志麻さん直伝 ／

手間を省く調理のコツ

計量器を使えば分量を量るのもこんなに簡単！

●足し算の量り方

メモリを見ながら、塩などを振っていくと、どれだけ加えたかがわかります。

●引き算の量り方

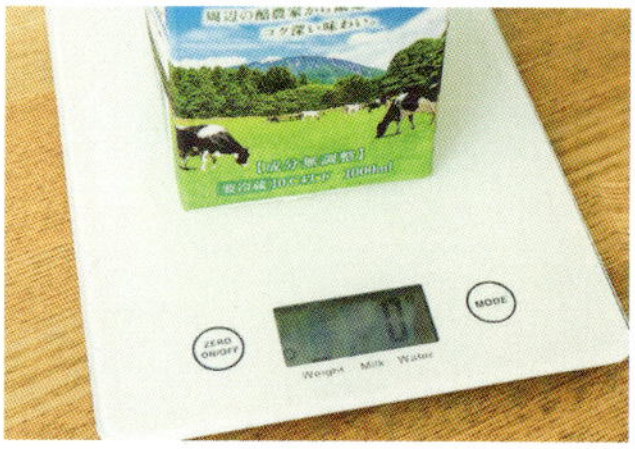

牛乳などは最初に重さを量り、使いながら計量すれば、使用量がわかります。

先に塩こしょうすれば裏返す手間が省けます

食材をいったん持ち上げ、入っていたパックに塩とこしょうをふります。

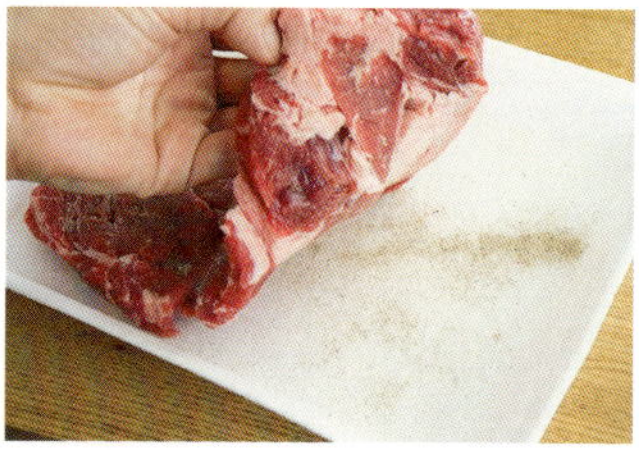

食材を戻し、その上から塩こしょうを。※裏返す手間が省けると同時に、余分な皿を汚さないので、洗う手間も省けます。

Chapter 3

オーブンで焼くだけのおもてなし料理！

Shima's special menu

パーティの主役にオーブン料理

煮込み料理と並んでフランスの家庭でよく作られるのがオーブン料理です。オーブンは使い慣れていない方も多いようですが、設定さえすれば温度と時間をコントロールしてくれるので、これほど楽に料理を作れるものはないと思います。

材料を仕込んでオーブンに入れたら、あとは煮込み料理と同じように時間をかけて、おいしくなるのを待つだけ。コンロの前でずっと火加減を見なくてもよいので、むしろ気軽に調理ができます。途中で子どもの相手をしたり、他の家事をしてみたり、パーティだったら、おしゃべりしている間に料理が出来上がります。いい匂いがキッチンから漂ってくると、期待感も高まりますよね。

私の家にあるのはどこにでもあるような家庭用のオーブンレンジですが、それでミートローフやローストチキンも作っています。家族にも友人たちにもとても喜ばれるので、みんなが集まるときは必ずオーブンを活用します。

フランス人は、週末になると家族みんなで家に集まり、ローストビーフや

ローストポークなど大きな塊肉を焼いて食卓を囲みます。肉を切り分けるのはお父さんの役目。午後の早めの時間から夕食の準備を始め、おしゃべりしながら、ゆっくりと食事を楽しむのが週末の楽しみ方。気兼ねすることなく家でリラックスしておいしい食事をすることが、フランスの人たちにとっては至福のときです。

ちなみに、これまでいろいろな家庭にうかがって料理をしてきましたが、オーブンはメーカーによっても量によっても器によっても熱の伝わり方が違うようです。同じ温度設定でも早く焼き上がったり、なかなか焼き色がつかなかったり。でも、そんなにきっちり考えなくても大丈夫だと思います。ここで紹介するものはあくまで目安と考えていただき、焼き足りないと思ったら時間を足してみる、表面が焦げそうだと思ったら上からアルミホイルをかぶせておく、そのくらいのおおらかな気持ちでオーブンを使っていただけたら、料理がぐんと楽しくなりますし、料理の幅が広がると思います。

鶏もも肉のロースト

Mini poulet rôti

丸めてオーブンに入れるだけ！
パーティ仕様のチキンのごちそう。

＼ここがポイント！／

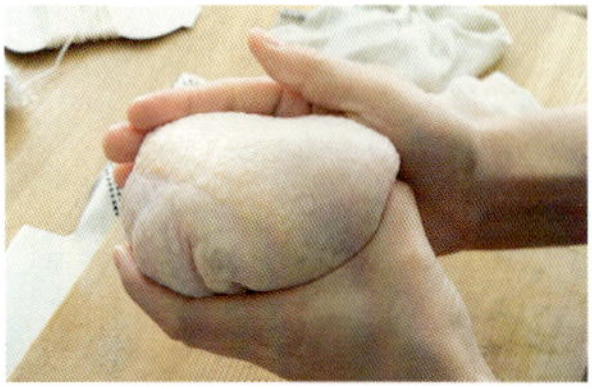

鶏肉の皮目を外側にして、引っ張りながら丸めましょう。

フライパンで焼くときに広がらないようにしっかりとタコ糸で結ぶこと。

皮の表面が乾いてきたら、オーブンから取り出し、油をまわしかけます。

材料（2〜3人分）

鶏肉（もも肉）——2枚
塩——小さじ1
こしょう——少々
油——大さじ1
オリーブオイル——適量

作り方

1 キッチンペーパーで鶏肉の水気を取り、塩こしょうをふる。
2 鶏肉を丸く形作り、崩れないようにタコ糸でしっかり結ぶ。
3 フライパンに油をしいて、**2**に軽く焼き色をつける。
4 オーブンの天板に**3**を置き、オリーブオイルをまわしかけ、230度で15分ほどこんがりと焼く。

鶏1羽丸ごとのローストチキンを家庭で作るのは大変ですが、もも肉なら手軽に作れるのでぜひ試してください！　これさえあれば、ホームパーティも盛り上がります。

トマトの肉詰め

Tomate farcie

**熱々のトマトと肉汁が
とけあって贅沢な一皿に。**

＼ここがポイント！／

トマトにしっかり塩をふっておくのがポイント。旨味が引き出されます。

具を入れる前に裏返しておくと、余分な水気が取れます。

小麦粉を入れることで、具材にとろみがつくので忘れずに。

材料（2〜3人分）

トマト――4個
油――大さじ1
玉ねぎ（みじん切り）――1/4個
にんにく（みじん切り）――1片
合挽き肉――400g
塩――小さじ1
こしょう――少量
小麦粉――大さじ1
バジル――2〜3枚
オリーブオイル――適量

作り方

1. トマトはヘタから1cmあたりを横に切り、中身をくりぬいて塩をふる（切り落とした部分はふたとして使う）。
2. フライパンに油をしき、玉ねぎとにんにくを弱火で炒める。
3. **2**に合挽き肉、塩、こしょう、小麦粉を加えて炒める。あればバジルを加えて混ぜる。
4. トマトに**3**をつめてふたをし、オリーブオイルをまわしかけてオーブン（200度）で15分ほど焼く。

トマトを丸ごとおいしく食べるおすすめレシピのひとつです。くりぬいたトマトの中身は、捨てずに冷凍しておくと、スープに入れたり、トマトソースを作るときにも使えます。

ミートローフ

Pain de viande

**ハンバーグよりも手軽で簡単！
肉の旨味を逃がさないごちそうメニュー。**

＼ここがポイント！／

粘りが出るようにしっかりとこねる。

生地を型につめるときは、空気を抜きながら、表面が平らになるように。

マヨネーズを加えると、なめらかなソースに！

材料（2～3人分）

合挽き肉——600g
卵——2個
玉ねぎ（みじん切り）——大1/2個
セロリ（みじん切り）——1/2本
牛乳——大さじ4
パン粉——大さじ2
塩——小さじ1
こしょう——少量
ソース
　ケチャップ——大さじ2
　赤ワイン——大さじ1
　中濃ソース——大さじ2
　マヨネーズ——小さじ1

作り方

1 玉ねぎとセロリを耐熱皿に入れ、ラップをして電子レンジで加熱（600Wで1分半）、冷ましておく。
2 合挽き肉に**1**を加え、といた卵、牛乳、パン粉、塩、こしょうを入れてよく混ぜる。
3 耐熱皿につめる。
4 ボウルにケチャップ、赤ワイン、中濃ソース、マヨネーズを入れ、よく混ぜてソースをつくる。
5 **3**の表面にソースをたっぷり塗って、オーブン（200度）で30～45分ほど焼く。透明な肉汁が出てくれば、焼き上がりの合図。

玉ねぎとセロリはフライパンで炒めるよりレンジ加熱のほうが時短に。
合挽き肉は赤みが多いものを選ぶと、焼き上がりが縮みません。

じゃがいもとチーズの重ね焼き

Tartiflette

ほくほくのじゃがいもと
とろけだしたチーズが絶妙の味わい。

＼ここがポイント！／

じゃがいものくずれた部分は内側にすると、仕上がりがキレイに。

白ワインを入れるとおいしさアップ。煮つめてアルコールを飛ばします。

材料（2〜3人分）

じゃがいも —— 2個
玉ねぎ（薄切り）—— 1/2個
油 —— 小さじ1
ベーコン（細切り）—— 2〜3枚
白ワイン —— 50cc
生クリーム —— 50cc
こしょう（あれば黒こしょう）—— 少々
カマンベールチーズ —— 1個

作り方

1 フライパンに油をしき、玉ねぎ、ベーコンを炒める。
2 玉ねぎがしんなりしたら白ワインを入れ、さらに生クリームとこしょうを加えて強火で煮つめる。
3 じゃがいもは電子レンジで加熱し（600Wで表と裏それぞれ3分ずつ）、皮をむいて輪切りにし、耐熱皿に並べる。
4 並べたじゃがいもの上に**2**をかけ、横半分に切ったカマンベールチーズを切り口を下にして並べてのせる。
5 オーブン（230度）でチーズがとろけだすまで15分ほど焼く。

カマンベールチーズは横半分に切って大胆にのせると見た目も豪華！　チーズをたっぷり絡めて、熱いうちに食べてください。ちなみにフランスではルブロションというチーズを使います。

夏野菜のオーブン焼き

Ratatouille

切って、並べて、オーブンで焼くだけ。
野菜のおいしさをシンプルに味わう。

＼ここがポイント！／

野菜は均等の厚さにそろえると、熱が均一に通ります。

食材を順に重ね入れると見た目もきれい。オリーブオイルをかけるのを忘れずに。

材料（2〜3人分）

なす —— 1本
ズッキーニ —— 1本
トマト —— 1個
タイム —— 少量
塩 —— 小さじ1/2
こしょう —— 少々
オリーブオイル —— 適量

作り方

1 なす、ズッキーニ、トマトを輪切りにする。
2 1を耐熱皿に並べ、塩、こしょうをふり、オリーブオイルをまわしかける。
3 タイムをちらし、オーブン（180度）で20分ほど焼く。

トマトを輪切りにするときは、ヘタの部分を押さえて切っていくと、最後まで無駄なく切ることができます。

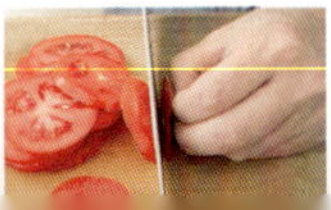

オイルサーディン

Sardines à l'huile

**オイルに浸けてオーブンへ。
だれかに自慢したくなる自家製オードブル。**

＼ここがポイント！／

塩水に浸けておくと、魚の臭みが取れ、おいしく出来上がります。

イワシはキッチンペーパーで挟んで押さえると、簡単に水気が取れます。

オリーブオイルはイワシが浸かるくらいの分量を入れます。

材料（2〜3人分）

イワシ（3枚におろしたもの）—— 10枚
にんにく（薄切り）—— 1片
タイム —— 少量
ローリエ —— 2枚
粒こしょう（なければ、こしょう）
—— 10粒
塩水（水100ccに対して3g）—— 適量
オリーブオイル —— 適量

作り方

1 イワシを塩水に30分ほど浸ける。
2 イワシを取り出し、水気を取る。
3 耐熱容器にイワシが重ならないように並べ、オリーブオイル、にんにく、タイム、ローリエ、粒こしょうを入れる。
4 オーブン（120度）で1時間ほど加熱する。

「こんなに簡単に作れると思わなかった!」と、みなさん驚きます。塩水は3パーセントの海水ぐらいに。オリーブオイルがきついと感じる方は、サラダ油と1:1ぐらいで使うといいですよ。

タラとじゃがいものグラタン

Brandade gratiné

タラがクリーミーなごちそうに。
混ぜ合わせて焼くだけのシンプルメニュー。

＼ここがポイント！／

鍋は動かさず、牛乳が沸騰しない火加減でゆっくり煮込むのがポイント。

にんにくがスプーンでつぶれるくらいやわらかくなったら、じゃがいもを入れて、そのまま混ぜ合わせます。

そのままディップにしても

オーブンで焼かず、そのままパンに塗って食べてもおいしい一品。

材料（2〜3人分）

じゃがいも――3個
塩タラ――2切れ
牛乳――200cc
にんにく（薄切り）――2粒
ローリエ――1枚
タイム――少量
粉チーズ――お好みで
パン粉――大さじ1
オリーブオイル――適量

作り方

1. 塩タラは皮を取り、適当な大きさに切る。
2. じゃがいもをレンジ加熱する（600Wで裏表3分ずつ）。
3. 鍋に塩タラ、牛乳、にんにく、ローリエ、タイムを入れ、弱火で20分ほど煮る。
4. 牛乳が煮つまってきたらローリエを取り出す。
5. **4**に皮をむいたじゃがいもを加え、つぶしながら混ぜ合わせる。
6. 耐熱皿に**5**を入れ、粉チーズ、パン粉をふり、オリーブオイルをまわしかけ、オーブン（230度）で焼き色をつける。

フランスではタラは干しダラを使うのが一般的ですが、生魚でも簡単に作ることができます。
ふつうのタラを使う場合は、下準備として皮を取り、塩をふっておきましょう。

☆☆☆

たったこれだけで ごちそう気分

冷蔵庫に外側の葉を使ってしまったレタスしかない。そんなときに覚えておくと便利なアイデアがあります。

レタスを8等分するくらいに切り、芯の部分を取り除きます。水でさっと洗い、お皿にのせて、好みのドレッシングと黒こしょうをふる。たったこれだけなのですが、テーブルに並べたら、まるでレストランのメニューのようなひと皿に。ナイフとフォークを使ってさっくりと切りながら食べると、ちぎったレタスよりも食べ応えがあり、食感も楽しむことができます。

これも、手間をかけずにおいしく食べるコツを知っているフランス人ならではの知恵なんだと思います。

ソースを添えるだけで
いつもの料理が格上げ！

Chapter

4

Shima's special menu

ソースひとつでレストランの味に

シンプルに塩こしょうでソテーした肉や魚は、素材のおいしさを楽しむ料理ですが、簡単に作れるフランス料理のソースを何種類か覚えておくと、フレンチレストランの料理のように、おいしさも見た目も豪華なひと皿になります。素材とソースの組み合わせ方次第では、料理のバリエーションは無限に広がります。

フランス料理のソースと聞くと、複雑な作り方の凝ったソースを思い浮かべる方も多いかもしれませんが、ここでご紹介するのはあっという間にできるとても簡単でフランスの家庭でも定番でよく作られているものばかりです。特別な材料は使わずにスーパーマーケットでも手に入る材料で手軽に作れますし、さまざまなアレンジが楽しめるので、ぜひ覚えていただきたいレシピです。

たとえば鮮やかなグリーンがお皿に映えるエスカルゴバターは、フランスのブルゴーニュ地方のエスカルゴ料理に使うソースです。家庭料理というより、シェフが作るような難易度の高いものというイメージがあるかもしれませんが、このソースも実は驚くほど簡単。バターにパセリとにんにくを混ぜ合わせるだけで完成です。エスカルゴバターという名前ですが、タコやベビーホタテなど日本で食べ慣れている身近な食材と合わせても、おいしくておしゃれで贅沢な一品が出来上がります。友人たちが集まるときには、よくエスカルゴバターを使った料理を作りますが、テーブルに並べた瞬間にあっという間になくなってしまうほど大人気。「また食べたい！」「次回も作ってね！」とリクエストも多い、みんなが大好きなメニューのひとつです。

　ソースによってはラップに包んで冷凍したり、瓶詰めにして冷蔵庫で保存できるものもあるので、私は多めに作っておいて、使いたい分だけ、使いたいときに取り出しています。仕事で帰りが遅くなっても、忙しくて時間がないときでも、それさえあればパッと一品作ることができるので、忙しい方には強い味方になると思います。

　私は最低限の調理用具で料理をしていますが、材料を細かく刻めるハンディブレンダーやミキサーはソース作りに便利です。もちろん、それらに頼らなくても包丁で細かく刻んで混ぜるだけ。ぜひ、お試しください。

オリーブとアンチョビのペースト

Tapenade

細かく刻んで混ぜるだけ。
パンにつけても、ソースとしても。

作り方

1 黒オリーブ、にんにく、アンチョビ、ケッパーをそれぞれみじん切りにする。

2 まな板の上で1をすべて合わせてまとめてさらに細かく刻む。

3 ボウルに移し、オリーブオイルをゆっくりと加えて混ぜ合わせる。

材料

黒オリーブ（種なし）── 10個
にんにく ── 1片
アンチョビ ── 40g
ケッパー（あれば）── 40g
オリーブオイル ── 大さじ1

※ハンディブレンダーがあれば、オリーブオイル以外の材料を入れて混ぜ、仕上げにオリーブオイルをゆっくり加えるだけ！

シンプルに塩こしょうでソテーした金目鯛（写真）などの白身魚によく合います。煮沸した瓶などに入れて、冷蔵庫で1カ月程度保存が可能です。

アンチョビバター

Beurre d'anchois

いつもの料理がワンランクアップ。
冷蔵庫に常備しておきたい万能ソース。

作り方

1 バターを常温に戻しておく。

2 アンチョビをみじん切りに。

3 ボウルにバターとアンチョビを入れて混ぜ合わせる。

4 レモン果汁を数滴加え、なめらかになるまで混ぜる。

材料

バター――100g
アンチョビ――40g
レモン果汁――少量

パスタソース、肉と野菜の炒め物、フライなどの風味づけに。棒状にしてラップで包んで冷凍保存も。フライはパン粉を細かくすると、上品な仕上がりになります。

エスカルゴバター

Escargot beurre

**にんにくの香りが食欲をそそり
お皿を華やかに彩るソース。**

作り方

1 バターを常温に戻しておく。

2 パセリとにんにくを細かく刻む。

3 ボウルにバターと**2**を入れて混ぜ合わせ、塩こしょうを加える。

4 なめらかになるまで混ぜ合わせたら完成。

材料

パセリ —— 10g
にんにく —— 1片
バター —— 80g
塩 —— 小さじ1
こしょう —— 少々

フランス人は残したソースも
パンでぬぐって
きれいにたいらげます

冷凍保存もできる！

棒状にしてラップで包んで冷凍すれば、保存もできます。パンに塗ってガーリックトーストにも。

タコや貝類は値段が高いので、食感が似ているエリンギを一緒に使うと、ご家庭でも気軽に作れます。コストパフォーマンスも大事ですよね。

アイオリソース

Aïoli

酸味が効いたガーリックマヨネーズ。
生野菜や蒸し野菜、魚や肉料理に添えて。

材料

卵黄——1個分
にんにく（すりおろし）——1片
酢——小さじ1
オリーブオイル——150cc
塩——小さじ1/4
こしょう——少々

作り方

1 ボウルに卵黄、にんにく、酢、塩こしょうを入れ、塩がとけるまで混ぜ合わせる。

2 1にオリーブオイルを少しずつ加えながら、空気を含ませるように攪拌し乳化させ、白っぽくクリーム状になったら完成。

にんにくをすりおろすときには、おろし金の上にアルミホイルをのせておくと取り残しがなく、洗う手間も省けます。

＼ 志麻さん直伝 ／

調理を
もっと楽にする方法

玉ねぎの皮を
もっと楽にむくには?

玉ねぎは芽が出ているほうから皮をむくという方が多いようですが、ぎゅっと詰まっている根元の部分に包丁を入れると、簡単に手早く皮をむくことができます。

にんにくなどの
小さいものを刻むときは?

包丁の刃先ではなく、刃元の部分を使って切りましょう。小さなものでも、楽に細かく刻むことができます。

卵の殻をむくには?

意外に手間がかかる卵の殻むき。ゆでた卵を熱湯から取り出し、まだ熱いうちに殻を割って水につけておくと、簡単にきれいに殻が取れます。

フランス人も大好き！
志麻さんおすすめ
サイドメニュー

Chapter
5

Shima's special menu

おいしい野菜をたっぷりと

フランスでは肉や魚をメインとして食べますが、実は野菜もたっぷり食べます。料理の付け合わせとして野菜を使ったサイドメニューも豊富で、じゃがいもやにんじん、きのこ、グリンピース、いんげんなど、一年を通して手に入りやすい野菜をおいしく食べるコツをみなさんよく知っています。

そうはいっても、作り方は簡単なものばかり。みんなが好きな定番のサイドメニューはメイン料理を引き立たせますが、実は単品でもメイン並みの一品にもなるので、覚えておくととっても便利です。

サイドメニューを作るときに大切なのは、塩のバランスです。メインの料理にしっかりと塩こしょうがしてあれば、サイドメニューは塩をふらなくても十分な場合があります。

たとえば、いんげんのバターソテーは、いんげんをゆでたあと、バターで炒めるときにゆで汁を入れて絡めるように煮含めてから、塩を入れます。緑色の野菜をゆでるときには、湯に塩を入れてからゆでると緑色が鮮やかになると言われていますが、最初から塩を入れてしまうと野菜に塩味がしっかりついてしまうので、私は付け合わせのときには塩は最後に少しだけ加えています。

もうひとつ大事にしたいのは、野菜そのものの旨味。いんげんのバターソテーの続きになりますが、水を足すのではなくゆで汁を加えるのは、ゆで汁に野菜の旨味が溶け込んでいるから。きのこのソテーを作るときに、強火で焼き色がつくまで動かさずにしっかり焼くのも旨味を逃さないひと工夫。トマトも塩をして加熱することで旨味が増します。ちょっとしたことですが、こんなところにもおいしいものが大好きなフランス人の知恵が受け継がれている気がします。

さて、わが家のホームパーティでは、付け合わせも大皿でどーんと出すのですが、みなさん、お皿を回しながらたくさん食べてくれます。あっという間にお皿が空っぽになるのも作り手にとってはうれしい瞬間。どのレシピも難しいことは何もないので、ぜひ試してみてください。

いんげんのバターソテー

Haricots au beurre

バター風味のやさしい味わい。
何にでも合う最強の付け合わせ。

作り方

1 鍋に湯をわかし、2分ほどいんげんをゆでる。

2 フライパンにバターと**1**のゆで汁を加える。

3 ゆでたいんげんを**2**にからめ、みじん切りの玉ねぎを加えたら、さっと混ぜ合わせる。

※ステーキなどの肉料理の付け合わせに。

材料

いんげん —— 15〜20本
いんげんのゆで汁 —— 大さじ2
玉ねぎ（みじん切り）—— 1/4個
バター —— 大さじ1

仕上げに玉ねぎを加えると風味豊かに。牛肉のステーキは、焼いたあとにアルミホイルで包んで休ませると、旨味が逃げずジューシーに。

きのこのソテー

Champignons Sauté

**きのこ本来の味わいを楽しむ
シンプルで奥深い一皿。**

作り方

1 マッシュルーム、しいたけ、エリンギは食べやすい大きさに切る。

2 フライパンにサラダ油とバターを入れ、バターがとけてきたら1を入れ、動かさずに強火で焼く。

3 片面に焼き色がしっかりついたら、ひとつひとつ裏返す。

4 みじん切りにしたにんにく、パセリを加えてさっと混ぜ合わせ、最後に塩こしょうで味を整える。

※チキンソテー（作り方は96ページ）などの付け合わせに。

材料

マッシュルーム――8〜10個
しいたけ――40g
エリンギ――80g
にんにく――1片
パセリ――10g
サラダ油――大さじ1〜2
バター――大さじ1〜2
塩・こしょう――適量

きのこは洗わずに使います。焼くときは最初から混ぜたりせずに、強火でしっかりと焼き色をつけると、水分が出ず、旨味が逃げません。

☆☆☆

簡単なのに絶品！志麻さんのチキンソテーがおいしい理由

鶏肉を焼くだけのシンプルなチキンソテー。手間をかけずに、ちょっとしたコツで、ぐんとおいしさがアップします。それは、とにかく焦らず、触らず、動かさずに焼けるのをじっと待つこと。たったそれだけです。焼きすぎが気になるかもしれませんが、皮目から焼けば、焦げることもなく脂がジュワっととけ出すから心配はありません。

じわじわとゆっくり火を通すことで、皮目はパリパリ、中は驚くほどふっくらジューシーな仕上がりになります。

＼ここがポイント！／

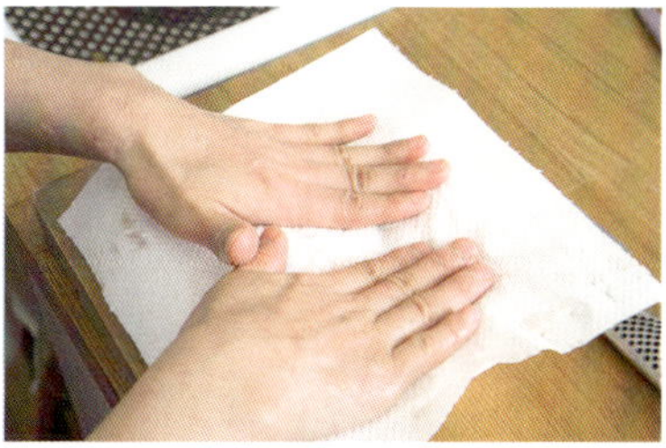

表面の水気をキッチンペーパーなどで、しっかり取っておくことで、パリッとした仕上がりに。

水を入れた鍋などで重しをして、皮目をフライパンに押し付けると仕上がりがパリッと。

裏返すのは、鶏肉の周辺が白っぽくなってきたころ。皮目で8割くらい焼くイメージで。

材料

鶏肉（もも肉）―― 1枚
塩 ―― 小さじ1/4〜1/2
こしょう ―― 少々
油 ―― 小さじ1

作り方

1 常温に戻した鶏肉の水気を取る。
2 1の両面にまんべんなく塩こしょうをふる。
3 フライパンに少量の油をしき、皮目から弱火で10分ほどじっくり焼く。
4 鶏肉を裏返し、焼き上がったら余分な油を取る。

プロヴァンス風焼きトマト

Tomato à la Provençale

**酸味と旨味がじゅわっと広がる
主役級の熱々トマト。**

＼ここがポイント！／

トマト半分に塩ひとつまみが目安。多めの塩でトマトの旨味を引き出します。

クシャクシャにしたアルミホイルをしいてトマトを並べると、傾かず便利。

材料（2〜3人分）

トマト —— 2個
塩 —— 適量
パン粉 —— 大さじ4
にんにく（すりおろし）—— 1片
パセリ（みじん切り）—— 2〜3枚
オリーブオイル —— 適量

作り方

1 トマトは横に半分に切り、塩をふる。

2 ボウルにパン粉、にんにく、パセリを入れて混ぜ、オリーブオイルをひとまわし加えたら、さらに混ぜ合わせる。

3 トマトの上に**2**をのせてオリーブオイルをまわしかけ、オーブン（200度）で15分ほど焼く。

シンプルにソテーした魚や肉料理と合わせ、トマトをぐちゃっとくずしながら、ソースのようにして食べると、とってもおいしいです。

ウッフマヨ

Œufs durs mayonnaise

**フランスのビストロでは欠かせない前菜。
自家製マヨネーズをまとったゆで卵。**

＼ここがポイント！／

オイルは少しずつ入れていくのが鉄則。油が多すぎると硬くなります。

上からたっぷりかけ、お皿を持って上下に動かすと全体的に絡まります。

材料

卵——4個
マヨネーズ
　卵黄——1個分
　塩——小さじ1/2
　酢（あれば果実酢）——小さじ1
　マスタード——小さじ1
　オリーブオイル——150cc

作り方

1 沸騰したお湯に卵を入れて9分、ゆで卵を作り、水で冷やす。
2 ボウルに卵黄と塩、酢、マスタードを入れ、泡立て器で混ぜる。
3 **2**にオリーブオイルを少しずつ加えながら攪拌し、白っぽくとろみがつくまで混ぜ合わせる。
4 殻をむいたゆで卵に**3**をかけ、卵全体をコーティングする。

卵を混ぜ合わせたりするときは、ボウルの下に濡れた布巾やキッチンペーパーを敷いておくと、滑らずに混ぜやすくなります。

平麺のバター和え

Tagliatelle au beurre

**メインに添えて一緒に食べる
シンプルで素朴なバター風味のパスタ。**

＼ここがポイント！／

ゆで汁を少し加えるだけで、パスタにソースが絡みやすくなります

バターは焦がさないように弱火でゆっくりとかすこと。

材料

平麺（タリアテッレ、フェットチーネなど）
　――100g
パスタのゆで汁――大さじ2
バター――10g
塩――適量

作り方

1 沸騰したお湯に塩を入れ、パスタをゆでる。
2 フライパンにバターを入れてとかす。
3 **2**に水気を切ったパスタとゆで汁を加え、軽く煮込みながら絡める。

パスタはくるっと巻くようにしてお皿に盛りつけると、見た目がきれいに。メイン料理のソースに絡めて食べるときには、少しやわらかめにゆでるのがポイントです。

グリンピースのバター煮

Petits pois à la française

**ほんのりとした豆の甘みと
ベーコンの風味がやさしくミックス。**

＼ここがポイント！／

玉ねぎがしんなりするまで炒める。ベーコンの塩分があるので塩は抑えめに入れましょう。

白ワインを入れたら、アルコールが飛ぶまではふたをしないこと。

材料

グリンピース（冷凍）
——1・1/2カップ
玉ねぎ（薄切り）——1/2個
ベーコン（短冊切り）——2〜3枚
バター——10g
白ワイン——大さじ2
水——大さじ2
塩・こしょう——少々
レタス（ひと口大）——適量

作り方

1. フライパンにバターを入れ、玉ねぎとベーコンを炒める。
2. グリンピース、白ワイン、水、塩こしょうを加えて混ぜ合わせ、ふたをして中火で5分ほど煮込む。
3. さらにレタスを加え、煮つめながら全体を絡める。

くたくたになるまでじっくり煮込むことで玉ねぎとグリンピースの甘みが出てきます。アクセントに入れたレタスがポイントです。

じゃがいものピュレ

Purée de pommes de terre

ほんの少しの手間でワンランク上の仕上がり。
なめらかな口あたりがおいしさの秘密。

＼ここがポイント！／

じゃがいもをこすときは、粘りがでないようスプーンで押しつぶすこと。

牛乳は少しずつ加え、分量を調節してゆるくしたり固くしたり、お好みで。

材料

じゃがいも―― 4個
牛乳―― 150cc
バター―― 10g

作り方

1 じゃがいもは皮をむき、ひと口大に切ってゆでる。
2 ゆであがったじゃがいもの水気を切り、ざるでこす。
3 **2**を鍋に入れ、バターを加えて混ぜる。
4 牛乳を少しずつ加えながら弱火にかける。固さは好みで調整。

パックの牛乳はいっきに出やすいので調整が難しいのですが、口を閉めたままパックを傾けると、調整しやすく少しずつ出てくるので便利です。

じゃがいものグラタン

Gratin Dauphinois

子どもから大人までみんな大好き。
濃厚な味わいのシンプルなポテト料理。

＼ここがポイント！／

牛乳だけで煮るのがポイント。ひたひたになるくらい牛乳を入れること。

じゃがいもから出た旨味も一緒に煮詰めて、濃厚なソースに。

材料

じゃがいも（輪切り）── 4個
牛乳── 400cc
にんにく── 1片
塩・こしょう──適量

作り方

1 輪切りにしたじゃがいもを並べて牛乳を入れる。
2 つぶしたにんにく、塩こしょうを加え、じゃがいもを中火で10分ほど煮る
3 じゃがいもに火が通ったら、取り出して耐熱皿に並べる。
4 鍋に残った牛乳はそのまま煮つめ、**3**にかける。
5 オーブン（230度）でほんのり焼き色がつくように10分ほど焼く。

耐熱皿にじゃがいもを盛るときは、煮くずれしたものを下に、形のきれいなものを上に並べると、見た目がきれいに仕上がります。

＼ひと味違う／

㊙主役レベルのじゃがいもレシピ

フライドポテト

じゃがいもは皮をむいて細切りに。水にさらし、しっかり水気を拭き取る。

フライパンに多めの油を入れて、最初は弱火のままゆっくり火を通す。

ナイフの刃がすっと入るくらいになったら、強火にして一気に焼き色をつける。

ガーリックポテト

油をしいたフライパンに、輪切りにしたじゃがいもを並べて、中火で焼く。

裏返して両面に焼き色をつけ、仕上げににんにくとパセリのみじん切りを加えたら軽く炒め、塩をふる。

じゃがいもはいろいろ種類がありますが、私のおすすめはメークイン。フライドポテトやソテーなどいろいろなバリエーションを楽しむのに最適です。

じゃがいも料理は、火の入れ方がポイント。じっくり火を通すと、じゃがいもの甘みが出て、おいしい一品に仕上がります。

実は簡単！何度でも作りたくなる定番デザート

Chapter 6

Shima's special menu

作る楽しさも味わう食後のデザート

なめらかなカスタードクリームをはさんだパリパリのミルフィーユ。フルーツたっぷりのクラフティ。もちもちっとした素朴なクレープ。フランス人の食卓には欠かせない魅力的なデザートの数々。

日本では甘いお菓子はちょっとお腹が空いたときに間食として食べますが、フランスの人たちは、どちらかというと、甘いお菓子はいつでもどこでも食べたいときに食べるものではなく、「食事の最後にデザートとして楽しむもの」という感覚が強いようです。

子育て中のフランス人は、あまり市販のお菓子を買ったりせず、そのかわり、週末になると各家庭で一緒にケーキを焼いたり、お菓子作りをしたりするようです。小さな頃から母親がキッチンでお菓子を作っている横に並び、見よう見まねでクリームを混ぜたり、チョコレートを並べたり、クレープを焼いたり、自分ができることからお菓子作りに参加します。そうやって、ひとつひとつの手順を自然に覚えながら、作る楽しみや、自分が作ったものを食べる喜びを自然と学んでゆきます。サラサラな小麦粉から、あっという間に甘くておいしいお菓子が出来上がるのですから、幼い子どもたちにとっては夢のような楽しい時間です。フランスに暮らす私の甥っ子や姪っ子も、男の子も女の子も関係なく、楽しそうにお母さんのお手伝いをしていました。

お菓子を作る以外にも、フランスの子どもたちは食事をしながら食育を受けているのだなと感じることがありました。子どもたちも大人と同じように、自分で料理をお皿に取り分けて食べますし、もしもお腹がいっぱいで食べきれずに残したら、親はそのことを厳しく注意します。自分が食べられる分だけ自分のお皿に取り分けるのが当たり前。そうやって食卓でのさまざまなマナーも自然と身につけているのです。

甘いお菓子は作る時間も食べる時間もしあわせな気分にさせてくれるもの。子どもたちにとってお母さんと一緒にお菓子を作った時間はかけがえのない思い出になります。生クリームのなめらかさ、オーブンから漂う甘く香ばしい匂い、ワクワクしながらケーキが焼き上がるのを待つ時間……。心のこもった手作りのデザートをぜひ家庭の食卓で楽しんでいただきたいです。

クレープ

Crêpe

**もっちりした食感の
甘みを抑えたシンプルなクレープ。**

＼ここがポイント！／

生地をこすだけで、仕上がりがなめらかに！

周りに焼き色がついたら裏返し、さっと裏面も焼き上げる。強めの中火を一定に保つこと。

材料

小麦粉――125g
卵――2個
塩――小さじ1/4
牛乳――125g
水――50〜100cc
サラダ油――大さじ1

作り方

1 ボウルに小麦粉とといた卵、塩を入れて軽く混ぜる。
2 1に牛乳と水、油を順に少しずつ加えてさらに混ぜ合わせる。
3 生地をざるでこし、ラップをして冷蔵庫で30分ほど休ませる。
4 3を常温に戻す。
5 フライパンを温めて油（分量外）をしき、生地を薄く伸ばして両面を焼く。

焼き上げたクレープは温かいうちに重ねておくと、しっとりともっちりした食感になります。
好みでバターやグラニュー糖、チョコレートソース、フルーツをのせて。

ミルフィーユ

Mille-feuille

焼き上げたパイ生地とカスタードの甘み、
季節のフルーツの組み合わせが絶妙。

市販のパイシートで手軽に作る
かわいくて、おいしいミルフィーユは
子どもたちも大好きなデザート。
お気に入りのフルーツをはさんで
家族そろって楽しんで！

ミルフィーユの作り方

作り方

1 常温に戻したパイシートを好みの大きさに切り、といた卵黄を塗ってフォークで穴をあける。

2 オーブン（200度）で20分ほど焼き、表面に焼き色がついたら少し温度を下げて、さらに10分焼く。

3 焼き上がったパイを半分に切り、カスタードクリームと好みのフルーツをはさむ。

材料

パイシート（冷凍・市販のもの）
　——１枚
卵黄——１個分
カスタードクリーム
　（作り方は左ページ）
フルーツ（お好みのものを）

クリームなどを絞るときに

オーブンシートを三角に切って、写真のように先を尖らせて丸めると、簡易の絞り袋に。クリームを入れて飛び出さないように口を閉じたら、先を少し切って使う。

市販のパイシートを使えば、家庭で手軽にミルフィールを作ることができます。カスタードクリームははさむフルーツや好みに合わせて甘みを調節してください。

カスタードクリームの作り方

材料

卵黄——2個分
牛乳——200cc
小麦粉——大さじ1
砂糖——50g

作り方

1 といた卵黄に砂糖を加えて、空気を含ませるように泡立て器で混ぜ合わせ、さらに小麦粉をふり入れて、さっくりと混ぜる。

2 沸騰する直前まで温めた牛乳を1にゆっくりと加えて混ぜる。

3 ざるでこしながら鍋に入れる。

4 混ぜながら強めの中火にかけ、表面がふつふつしてきたところで火を止める。

5 表面が乾かないように落としラップをして、冷蔵庫で冷ます。

6 使うときには、固まったカスタードを泡立て器で混ぜる。

クラフティ

Clafouti

**卵と牛乳と好みのフルーツがあれば
手軽に作れる定番デザート。**

＼ここがポイント！／

牛乳を加える時は、少しずつ、ゆっくりと。

耐熱皿に生地を流し込む前に、バターを塗っておくと焦げ付き防止に。

材料

卵—— 2個
牛乳—— 50g
小麦粉—— 50g
グラニュー糖—— 30g
塩——小さじ1/2
バター—— 20g
フルーツ（バナナなど）——適宜

作り方

1 といた卵に小麦粉、グラニュー糖、塩を入れてよく混ぜる。
2 1に牛乳を加え、最後にとかしバターを入れて混ぜる。
3 耐熱皿に厚めに輪切りしたバナナを並べ、**2**を流し入れる。
4 オーブン（250度）で15分ほど焼く。焼き色がついたら少し温度を下げて、さらに10分ほど焼く。
※焼き時間は耐熱皿の厚さによっても異なります。様子を見ながら調整を。

手軽に簡単に作ることができるクラフティ。フルーツを替えてバリエーションを楽しんで。イチゴやベリー類は砂糖をまぶし、しばらくおいてから焼くと、水分が抜けて水っぽくなりません。

イルフロッタント

Île flottante

ふわふわ食感のメレンゲを
甘みを抑えたカスタードのソースとともに。

イルフロッタントの意味は〝浮いている島〟。
カスタードソースに浮かぶ真っ白なメレンゲの島は、
みんなが笑顔になるデザートです。

メレンゲの作り方

1 卵を割り、卵黄と卵白に分ける。(卵黄はカスタードソース用)

2 きれいなボウルに卵白と塩を入れて角が立つくらい泡立て、グラニュー糖を加えてもったりとするまでさらに泡立てる。

3 スプーンですくってクッキングシートに並べる。

4 電子レンジ(600W)で30秒〜1分ほど加熱。メレンゲが膨らんだ瞬間に取り出すのがポイント。

材料

メレンゲ

卵白——2個分
グラニュー糖——20g
塩——ひとつまみ(約1g)

カスタードソース

卵黄——2個分
牛乳——200g
グラニュー糖——20g

キャラメルソース

砂糖——大さじ2
水

キャラメルソースの作り方

1 鍋に砂糖と水を入れて中火にかける。水は砂糖が湿る程度。

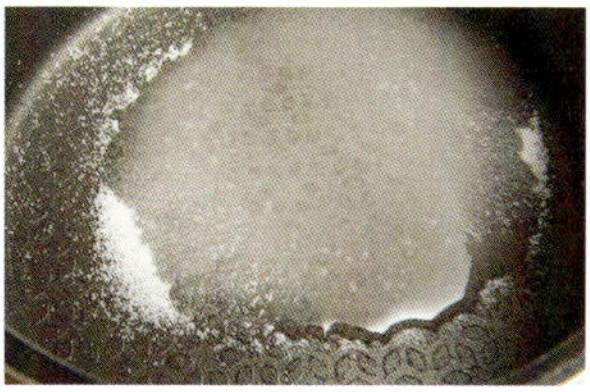

2 混ぜ合わせずに、大きな泡が立ち始めるまでそのまま待つ。

3 キャラメル色になったら水（大さじ1）を入れて火を止める。

カスタードソースの作り方

1 メレンゲのときに残した卵黄と砂糖を白っぽくなるまで混ぜる。

2 温めた牛乳を**1**に混ぜ合わせ、鍋に戻し入れて、とろみが出るまで混ぜながら中火にかける。

3 **2**をざるでこして、冷ます。

盛りつけ

皿にカスタードソースを入れてメレンゲを浮かべ、キャラメルでデコレーションを。

カスタードソースのとろみの目安は、ソースをヘラですくったときにヘラの表面に指で線が描けるくらいがおすすめです。

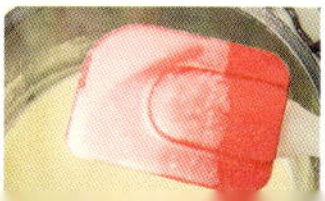

おわりに

私がフランス人と話をしていて驚くことは、食に対する関心の高さです。たとえば、友人たちを招いたホームパーティでは、男女関係なく必ずといっていいほど、料理についての話題で盛り上がります。

テーブルに並んだ料理を食べながら、「これは僕の故郷の料理だよ。ふつうはバターを加えるんだ。そうするとなめらかになるからね」というように、私が知らないことを教えてくれることがよくあります。フランスには実は100年以上昔から変わらない伝統的な料理がたくさんあります。各家庭で少しずつ違いはありますが、ベースは同じで、子どものころからキッチンで料理の手伝いをするので、レシピは自然と親から子へと受け継がれています。でも、友人たちの話を聞いていると、レシピ通りに作るのではなく、なにかしらアレンジを加えて自分の味に変えているのだそう。「私のおばあちゃんのレシピだけど、私はこうやって作っているの」と誰かが言えば、「私の場合はこうやっているわ」と、レシピ談義が始まります。料理を食べて「おいしい！」では終わらず、意見が飛び交いあっという間に10分、20分が経ってしまいます。食は生活に密着していて、食を楽しむことは、人生を楽しむことと同じくらい、彼らにとって大切なことなのだと感じます。

この本でご紹介しているレシピは、一度作って終わりではなく、何度も作ってもらいたい料理ばかりです。すべてレシピどおりに作るのではなく、2回、3回と作りながら、〝自分の味〟、自分のレシピにしていただきたいなというのが私の願いです。「この前は少し塩が強すぎたから、今日はちょっと控えめにしてみよう」「ちょっと火が強すぎたから、ここは弱火にしておこう」。そうやって考えながら料理をすることで、〝自分の味〟がどんどん出来上がってくると思います。分量を量るときは計量カップや計量スプーンを出さなくても、いつも使っているマグカップ1杯分だからだいたい200ccかな、いつものスプーンの半分だから2gくらいかな、とだいたいの目安を知っておくだけでも、料理が楽しく、気楽に作れるようになりますよ。

「もう一度、食べたい!」「また、作ってほしい!」。そんな声が聞こえてくるような、家庭の定番料理にしていただけたらうれしいです。

志麻

志麻（しま）

大阪あべの・辻調理専門学校、同グループ・フランス校を卒業。ミシュランの三ツ星レストランでの研修を修了後、日本に戻り、有名フランス料理店などで15年働く。2015年にフリーランスの家政婦として独立。各家庭の家族構成や好みに応じた料理が評判を呼び「予約がとれない伝説の家政婦」としてメディアから注目される。著書に『志麻さんのプレミアムな作りおき』『1分で決まる！ 志麻さんの献立の作り方』『志麻さんの気軽に作れる極上おやつ』『厨房から台所へ―志麻さんの思い出レシピ31』『沸騰ワード10×伝説の家政婦 志麻さん ベストレシピ』などがある。料理教室やイベントの講師、食品メーカーのレシピ開発など多方面で活動中。フランス人の夫と息子2人と4人暮らし。
https://shima.themedia.jp/

写真　青木和義／中島慶子
スタイリング　大関涼子／石原由美
取材・文　盆子原明美
編集協力　UTUWA／平田麻莉

志麻さんの
何度でも食べたい極上レシピ

2018年 5月10日　第1刷発行
2020年11月26日　第23刷発行

著　者　志麻
発行者　鉄尾周一
発行所　株式会社マガジンハウス
〒104-8003　東京都中央区銀座3-13-10
書籍編集部　☎ 03-3545-7030
受注センター　☎ 049-275-1811

印刷・製本所　大日本印刷株式会社

ブックデザイン　岡　睦（mocha design）

マガジンハウスのホームページ http://magazineworld.jp/

ISBN978-4-8387-2990-6 C0077